L. K. 18.

DESCRIPTION

DE L'ÉTAT

D'ALGER,

DE SES DÉPENDANCES, DE SES VILLES PRINCIPALES, DE SES PORTS,

ET GÉNÉRALEMENT DE TOUT CE QUI COMPOSE CETTE RÉGENCE BARBARESQUE, LA MIEUX SITUÉE DE TOUTES.

ALGER, régence de l'Afrique septentrionale, est un des principaux États barbaresques. Il est borné au nord par la Méditerranée, à l'ouest par l'empire de Maroc (dont il est séparé par le désert d'Angad), à l'est par la régence de Tunis, et au sud par le mont Atlas, qui le sépare du Bilédulgérid, ou *Pays des Dattes*. Il s'étend depuis le 6.ᵉ degré 5 minutes de longitude est, jusqu'au 3.ᵉ degré 55 minutes de longitude ouest. Il comprend la plus grande partie de l'ancienne Numidie et de la Mauritanie *Césarienne*.

Ce pays fut gouverné par des Princes indigènes, jusqu'à sa réunion à l'empire Romain, après la destruction duquel les Vandales s'en emparèrent. Ceux-ci en ayant été chassés par Bélisaire, il resta soumis à l'empire Grec, jusqu'au moment où il fut conquis par les Sarrazins. Les Espagnols y firent une descente au commencement du seizième siècle ; mais les Algériens ayant appellé à leur secours le fameux corsaire Barberousse, celui-ci repoussa la flotte espagnole qui s'était emparée d'Oran, de Bourjeiah et d'autres villes importantes, et usurpa la souveraineté d'Alger. Cet Etat devint par la suite, sous des chefs entreprenans, la terreur de la chrétienté.

Son sol est en général très-fertile. Ses principales rivières sont le Chelliff ou Massafran, la plus considérable de toutes ; le Zo-Wan ou Zou-Wan, le Seibus ou Seibouse, le Rummel, le Sinan, le Wed-el-Mailah, le Wel-el-Kibbir, le Boulberack ou Bouberack et l'Aouadjidi. Cet Etat se divise en six provinces ; savoir : Alger, Constantina, Trémécen, Titterie, le Zaab, et partie du pays des Berbères. On y trouve des fabriques d'étoffes de laine, de velours, de maroquin, de tapis ; des mines d'or, d'argent, de fer, de plomb, d'alun et de sel.

Le gouvernement d'Alger est un turbulent despotisme : aussi est-il exposé aux séditions. Le Dey est élu par la soldatesque, ou plutôt lorsque le trône est vacant, c'est le plus audacieux et le plus populaire qui s'en empare. On conçoit combien une semblable domination est précaire. Les principaux officiers du Dey sont, le Capitan-Aga, ou premier Ministre d'Etat; l'Aga, ou Commandant des

(3)

Janissaires, et qui est le gardien des clefs de la capitale, et au nom duquel se donnent tous les ordres concernant le service militaire; le Secrétaire d'Etat, qui enregistre tous les actes publics; le Vichel-Hadgi, qui est le chef de la marine, et le Warden-Pacha, qui surveille les esclaves. Il y a en outre trente Kiahs ou Officiers d'Etat employés dans les ambassades et autres missions importantes. La justice est exercée par le Cadi, mais on peut en appeler au Dey. Cet Etat, qui comprend une assez grande étendue de côtes, est sous la protection du Grand-Seigneur, dont l'autorité y est toutefois purement nominale.

Les Algériens sont mahométans. Leur langage est un dialecte de l'arabe : ils parlent aussi un jargon composé d'italien, d'espagnol, de provençal et de français, qu'on appelle langue *franque*, et dont se servent les marchands et le bas peuple. Ils sont cruels à l'excès; ont le teint basané, sont bien faits et robustes.

ALGER PROPREMENT DIT. — Alger, ville considérable, capitale de l'Etat du même nom. Elle est bâtie en amphithéâtre sur la côte de la Méditerranée. Elle est entourée d'un mur de douze pieds d'épaisseur, de trente de hauteur du côté de la terre et de quarante du côté de la mer. Elle possède une citadelle, et est défendue en outre par sept châteaux et par des batteries. On y compte cinq casernes, cinq fondakas ou magazins pour les approvisionnemens et les marchands étrangers, soixante mosquées, douze bains publics, soixante-deux bains à vapeur, six bagnes, etc.

Le port a coûté d'immenses travaux et dépenses ; mais il a le défaut d'être trop étroit : l'entrée en est défendue par une citadelle et des batteries considérables. La population est de 100,000 mahométans, 15,000 juifs et 2,000 chrétiens. Cette ville fut bombardée par les anglais, en 1816, sous le commandement de Lord Exmouth, qui amena le Dey à une capitulation sans exemple parmi ce peuple de pirates, sans foi ni loi. Le premier article de cet acte portait, que tous les chrétiens retenus comme esclaves dans toute l'étendue de l'Etat d'Alger seraientmis immédiatement en liberté et rendus à leurs Princes respectifs (*). 2.º Qu'à l'avenir aucun chrétien ne serait fait esclave, mais traité comme prisonnier de guerre. 3.º Qu'Alger renonçait à perpétuité à exiger aucun tribut de la nation britannique, etc. Il en fut quitte pour cela, pour sa marine détruite, 4 à 5000 hommes de tués, et une foule de maisons, palais, mosquées, etc., détruits. Alger est située par le 36.ᵉ degré 49 minutes de latitude nord.

CONSTANTINA, grande province de la partie orientale de l'Etat d'Alger, bornée au nord

----

(*) C'est à cet évènement qu'est dû la rentrée en France du nommé Dumont, autrefois jokey de M. le Comte d'Artois (aujourd'hui Charles X), pris en portant des dépêches de son maître, lorsqu'en 1783, il commandait au siège de Gibraltar. Il fut pris dans un canot par un chébec algérien, conduit à Oran, vendu comme esclave, emmené dans les terres à 200 lieues, où il oublia le français, apprit l'arabe, travailla comme une bête de somme, couchant dans un antre de rocher et ne recevant pour toute nourriture que de la farine de maïs écrasée et délayée dans un peu d'eau.

par la Méditerranée, à l'est par la régence de Tunis, au sud par le désert, à l'ouest par la province de Titterie ou l'Alger propre. Elle a environ 94 lieues de long sur 41 de large. C'est la province la plus fertile et la mieux cultivée. Les Français ont eu autrefois des établissemens de commerce à la Calle, à Bona ou Bonne, à Cullu et à Tabarca. Le Bey, bien que dépendant de celui d'Alger, exerce dans son gouvernement une autorité presqu'absolue. Tous les deux ou trois ans il se met en campagne, avec un corps de troupes, pour aller percevoir le tribut des Arabes qui habitent sur les confins du désert de Sahara.

TRÉMÉCEN ou TLEMSAN, province bornée au nord par la Méditerranée, à l'est par le pays de Titterie, au sud par une chaîne de l'Atlas qui la sépare du Bilédulgérid, à l'ouest par le royaume de Fez. Elle a 150 lieues de long sur 50 de large. Le territoire est montagneux, sec et aride : toutefois, près de la mer, il existe des plaines étendues, fertiles en blé, fruits, et qui offrent de bons pâturages. Sa capitale était autrefois une ville importante et le siège d'un royaume ; mais elle fut détruite en 1670 par le Dey d'Alger. On y voit encore quelques ruines romaines. Elle est à 90 lieues sud-ouest d'Alger et à 20 d'Oran. Sa latitude nord-est de 34-50, et sa longitude ouest 2-50.

ANGAD, district inculte, situé à l'extrémité occidentale de la régence d'Alger, sur les limites de l'empire de Maroc.

TITTERIE, province de la régence, bornée au nord par la Méditerranée, à l'est par la rivière Boulberak ou Boubrak, au sud par le Bilédulgérid, et à l'ouest par la rivière Massafran. Elle a 25 lieues de long sur 16 de large. Alger en est la capitale et la seule ville considérable.

ZAAB, district ou petite province située au sud de celle de Constantina.

BÉRÉBÈRES (les), peuple belliqueux, habitant au sud des régences de Tunis, Tripoli et Alger, dans un pays très-étendu et dont la richesse consiste en troupeaux de chévres. Ce sont des descendans des Vandales.

BENI-MEZZAB, district dont Gardeiah est la capitale.

WADREAG, district du désert de Sahara. Il est sans eau, et pour s'en procurer il faut creuser à 100 ou 200 toises de profondeur.

TÉGORARIN, district dépendant du Bilédulgérid. Le territoire en est agréable et fertile : il comporte plus de cent villages.

BILÉDULGÉRID ou BLED-AL-JAZID, contrée d'Afrique, au sud des régences de Tunis et d'Alger, et au nord de l'Atlas, entre les 28.ᵉ et 32.ᵉ degrés de latitude nord et les 2.ᵉ 40.º et 8-40 de longitude est. Cette contrée immense prend son nom de la quantité de dattes qu'elle produit, *Bilédulgérid* signifiant en arabe, *Pays des Dattes*. Elle répond à l'ancienne *Getulie* et à une partie de la *Lybie*. Le sol y est en général aride et stérile. Il est habité par des arabes mahométans et par des naturels du pays qui sont idolâtres. On y trouve des chameaux et des autruches : la chasse de celles-ci fait une des occupations et des ressources des habitans. Le Bilédulgérid est divisé en huit cantons principaux :

1.º Le pays de Sus ; il produit du blé, des cannes à sucre, des dattes, et nourrit beaucoup de bestiaux. La capitale est Sus, ville grande, forte, et riche par son commerce. Ce pays-ci dépend de l'Empereur de Maroc.

2.º Le royaume de Tafilet ; il est montueux et sablonneux. On y récolte un peu de blé et de seigle ; il fournit beaucoup de chevaux, des dromadaires et des chameaux, dont les habitans mangent la chair. Sa capitale est Tafilet, ville fortifiée et riche, dont le commerce consiste sur-tout en cuirs de buffles et maroquins. Le pays dépend encore de Maroc.

3.º Le pays de Sugelmèse, autrefois dépendant de Maroc, et aujourd'hui république arabe. Le sol y est fertile, et produit des grains, des dattes et autres fruits. Il y a des mines de fer, de plomb et d'antimoine. Sa capitale est Sugelme : elle conserve les ruines de hautes et belles murailles qui l'entouraient jadis.

4.º Le pays de Zaab, qui fait partie de l'Etat d'Alger : il est infesté de scorpions ; son sol est stérile et manque d'eau. La capitale est Pascara, au pied de l'Atlas. Dans l'enclave de cette province est renfermé le district de Tégorarin. On y trouve un grand nombre de villages bien peuplés : ses plaines sont le point de réunion des caravanes qui doivent traverser le désert de Sahara.

5.º Le Bilédulgérid propre, dépendant de l'Etat de Tunis ; il est infesté de sautrelles et abonde en dattes. Sa capitale est TOUSERA.

6.º Le TECORT; c'est un petit royaume qui dépend de Tunis. Sa capitale, TECORT, est sur la pente d'une montagne.

7.º Le GADUMÉ, abondant en fruits et riche en mines d'argent : il dépend de Tripoli. Sa capitale est GADUMÉ.

8.º Enfin, le FEZZAN; c'est une vaste oasis au milieu de déserts arides ; elle renferme un grand nombre de villes et de villages. Elle produit en abondance des dattes et des légumes. Elle est gouvernée par un Sultan, tributaire de l'Etat de Tripoli. On y compte de 60 à 70,000 âmes. Les Fezzanais sont mahométans. La capitale est MOURZOUK, rendez-vous des caravanes.

ATLAS, chaînes de montagnes d'Afrique, qui s'étend depuis le désert de Barca jusqu'à la côte occidentale de l'empire de Maroc, et depuis le détroit de Gibraltar jusqu'à Bona, dans la régence d'Alger. Ces monts s'élèvent en certains endroits à 13,000 pieds au-dessus du niveau de la mer, et renferment des mines d'or, d'argent, de plomb et de souffre. Des Bérébères en habitent les parties les plus élevées Le mont Atlas donne son nom à l'Océan. C'est probablement d'après la fiction d'Atlas, portant le monde sur ses épaules, qu'on a donné le nom d'ATLAS aux collections de cartes géographiques.

SAHARA ou ZAHARA, désert immense d'Afrique et le plus considérable du globe. Il s'étend depuis l'Océan Atlantique jusqu'au Nil, c'est-à-dire, 1125 lieues, et du nord au sud 375. Sa superficie a 130,000 lieues carrées. C'est une immense plaine d'un sable très-fin, qui, lorsque le vent souffle, ressemble aux flots de la mer, et ensevelit parfois des caravanes entières. Ce désert renferme quelques oasis habitées par des Bérébères et des Maures. Les plus considérables sont celles de Zan-Haga, Zuen-Ziga, Ghir, Ferya, Zemta et Berdoa.

JURJURA, hautes montagnes qui se lient à l'Atlas dans la province de Titterie.

CONSTANTINA, capitale de la province qui en porte le nom, située sur la rivière Rummel, à trente lieues de la mer. Elle occupe l'emplacement de l'ancienne Cyrthe, regardée dans son temps comme le boulevard de la Numidie, et dont on voit encore les aqueducs, les portes et un bel arc-de-triomphe très-bien conservé. La ville moderne est bâtie sur un rocher fortifié par l'art. L'intérieur n'offre rien de remarquable. Les rues sont droites, mais malpropre : les maisons sont basses et sans fenêtres. Le palais du Bey n'a rien de particulier. Elle est à 50 lieues à l'est un quart sud d'Alger. Latitude nord 36-25, longitude est 4-4.

ORAN ou WARRAN, ville considérable de la province de Trémécen, avec plusieurs forts et un excellent port. Elle a beaucoup de fortifications et a été diverses fois prise et reprise par les Maures et les Espagnols. Elle est sur la Méditerranée et bâtie en partie dans la plaine et partie sur le penchant d'une montagne escarpée en face de Carthagène en Espagne. Elle est à 65 lieues ouest sud-ouest d'Alger. Latitude nord 36-50, longitude est 2-50.

MUSTYGANIM, ville considérable du Trémécen, avec un port défendu par trois châteaux. Latitude nord 36-6, longitude 1-50.

JIJEL, petit port de mer dans la province de Constantina, à 12 lieues est nord-est de Boujeiah.

ANDALOUSE, petit port de mer à 5 lieues à l'ouest d'Oran.

ARZEW, ville maritime (ancienne ARSENARIA), à 6 lieues est d'Oran. Latitude nord 35-52, longitude ouest 1-25.

MEJERDAH, petit port de la province du Tlemsan, d'où l'on exporte le blé en Europe, à 17 lieues ouest de la ville de Tlemsan.

SIGALE, ville maritime à l'ouest d'Oran.

SIGLI, ville sur la côte, à l'est d'Alger.

EL-CALLAH, ville du Tlemsan, sur une hauteur et adossée à l'Atlas. Elle a des manufactures considérables de tapis, une citadelle avec garnison turque, et est à 16 lieues est d'Oran.

TEDLEZ, ville fortifiée, à 20 lieues nord-est d'Alger, sur la mer. Latitude nord 36-57, longitude est 1-53.

MASAGRAN, petit port de la province de Trémécen, à 8 lieues nord-est d'Arzew.

BONA ou BONNE, ville maritime de la province de Constantina, avec un bon port. Elle commerce en blé, cuirs, etc. Ses environs sont très-fertiles. Elle est à 25 lieues nord nord-est de Constantina. Latitude nord 36-52, longitude est 5-25.

CALLE (la), fort situé sur la côte d'Alger, sur un rocher et entouré de trois côtés par la mer, et du côté de la terre par une muraille destinée à la protéger contre les incursions des arabes. Une batterie de quinze pièces de canon défend le port. Il est à 30 lieues ouest de Tunis.

GELLAH ou COLLAH, forteresse près de la Mejerdah, sur une haute montagne de forme conique et où l'on arrive par un sentier étroit. Il sert de refuge aux criminels des Etats voisins, qui y restent jusqu'à ce qu'ils ont obtenu leur grâce. Elle est à 35 lieues de Constantina.

MAZOUNAH, ville dans le Trémécen, célèbre par ses manufactures de laine, et à 12 lieues sud de Mustyganim.

MESKOUTEN-HAMMAN, ville et bains renommés de la province de Constantina. L'eau en est si chaude qu'on peut y faire cuire un œuf en trente secondes. Elle est à 14 lieues est de Constantina.

MALIANA, ville sur la rivière Sheliffe, à 24 lieues sud-ouest d'Alger.

TENÈS ou TENIS, petite ville à 50 lieues nord-est de Tremécen, dans un territoire peu étendu, mais abondant en blé et troupeaux. Elle a un fort sur la pente d'une montagne.

BOUJEIAH ou BUGIE, ville de la partie orientale de l'Etat d'Alger, sur le revers d'une montagne, avec un bon port, des fortifications et trois châteaux armés situés sur une colline qui la domine. On y fabrique des ustensiles de fer, et on en exporte de l'huile, de la cire, etc. Elle est à 30 lieues d'Alger. Latitude nord 36-42, longitude est 2-50.

TUBNA, ville située à 45 lieues nord-ouest de Constantina.

PESCARA, ville au pied de l'Atlas, à 60 lieues sud-presque-est d'Alger.

BAGAY, petite ville à l'ouest de Tebesa.

TEBESE ou TEBESA, ville dans la province de Constantina.

CALLAH, ville au sud du mont Jurjura, à 33 lieues sud-est d'Alger.

COLÉE, ville à 5 lieues sud-ouest d'Alger.

BRESK, petite ville à 3 lieues ouest de Shershell.

DAHAMAN, ville à 9 lieues sud-ouest de Tiffesh.

TIFFESH ou TIFAS, ville dans la province de Constantina.

EL-HERBA, ville romaine, à 25 lieues sud-ouest d'Alger.

HERBA, ville à 6 lieues d'Alger.

NADRANA, ville du Bilédulgérid, à 150 lieues sud d'Algers

TUCKREAH, ville sur le Midroé, à 44 lieues sud d'Alger.

TULGA, ville à 28 lieues nord-ouest de Gardeiah.

TUGGHURT, ville du district de Wadreag, à 120 lieues sud-est d'Alger. Latitude nord 32-50, longitude 3-20.

TEFZZA, ville à 6 lieues sud de Trémécen.

TAJE-ELT, ville à 14 lieues sud-est de Bona.

TÉZÉLA, ancienne ville du royaume de Trémécen, dans une plaine fertile, à 7 lieues sud d'Oran.

TEZZOUTE, ville et ruines superbes dans

la province de Constantina, qu'on croit être celles de Lambese. Latitude nord 35-24, longitude est 3-38.

Tebessa, ville dans la province de Constantina.

Tébécrit, ville à une lieue de Ned-Roma.

Gojida, ville à 37 lieues sud-est d'Oran.

Sétif, ancienne ville, à 20 lieues sud-ouest de Constantina et à 38 sud d'Alger.

Nador, ville à 33 lieues sud-est d'Oran.

Midroé, petite ville à 70 lieues sud-ouest d'Alger.

Enfin, les autres villes dépendantes de la Régence sont :

Argousah,
Barbar,
Bérigan,
Bugar,
Culu,
Dinia,
Dreussen,
Fitz,
Gardeia,
Ghuarzala,
Grara,
Haman,
Jyeli,
Kars-Kibir,
Lowat,
Majir,
Malashlah,
Mélila,

Mugra,
Ned-Roma,
Netija,
Serset,
Shershell,
Siguenig,
Sobaïr,
Tudut,
Técul,
Tegdempt,
Tifas.
Tivat,
Tivil,
Tot-Lernet,
Tummarnah,
Visrag,
Et Zaina.

Les rivières principales sont,

Boubrak, qui se jette dans la mer ;

Tefna, dans le Trémécen, et va à la mer ;

L'HABAN, près d'Oran ;

MASSAFRAN, qui traverse en partie les provinces de Tlemsan et Titterie, et va se jetter dans la Méditerranée. Sa latitude nord-est 36-40, et sa longitude est 1-53 ;

MIDROÉ ;

RUMMEL, qui passe à Constantina, en se réunissant au Wed-el-Kibir à 7 lieues nord-ouest de cette ville ;

SCHELIFFE ;

SEIBOUSE, qui se jette à la mer près Bona ;

SIGG ou SIKKE, qui prend sa source dans le mont Atlas, et se réunit à l'Habrah pour se jetter dans la Méditerranée près d'Oran ;

SINAN, qui reçoit le Wed-el-Mailah deux lieues avant de se jetter à la mer ;

WED-EL-KIBIR, par la latitude nord 36-57, et longitude est 4-8 ;

Enfin, le WED-EL-MAILAH, qui se jette à la mer à 4 lieues sud sud-est du cap Fighalo.

NOTICE

Sur la construction physique d'Alger.

Le territoire d'Alger est compris entre les côtes de la Méditerranée et la chaîne du petit Atlas : ces montagnes courent de l'est à l'ouest, et sont séparées du grand Atlas par un désert sablonneux traversé par des rameaux qui lient les deux chaînes entre elles. Des collines de forme allongée s'étendent sur les bords de la mer ; elles sont coupées par de petites vallées et de nombreux ravins qui ne reçoivent d'eau qu'à l'époque des pluies. Ces collines se terminent au sud par une plaine qui les sépare du petit Atlas : une rivière assez considérable qu'on nomme MASSAFRAN, traverse cette plaine dans le sens de sa plus grande longueur. Sur ce point, le sol est bien cultivé. Le versant du petit Atlas, du côté du sud, est couvert de forêts de chênes et de sapins.

Les collines qui sont au nord de la plaine sont aussi livrées à la culture ; cependant une certaine partie du terrain, abandonnée à elle-même, est couverte de broussailles.

L'élévation des collines au-dessus du niveau de la mer, varie de 30 à 150 mètres. Leur base est formée d'une pierre calcaire assez dure, qui paraît appartenir au même système que la masse des montagnes Jurassiques. Cette roche fournit à la ville d'Alger toutes les pierres employées dans les constructions, et alimente en outre les fours à chaux situés près des carrières : les couches sont inclinées vers la mer, ce qui doit faire croire à la possibilité d'établir des puits artésiens.

Le terrain secondaire dont nous venons de parler est recouvert par une formation tertiaire qu'on peut rapporter au terrain marin supérieur des environs de Paris, ou, ce qui revient au même, aux argiles bleues subapennines. Ce dernier terrain, sillonné dans tous les sens par les eaux sauvages, se montre presque partout à sa surface. Les torrens entraînent, dans les temps d'orage, une grande quantité de fer, et ces alluvions renferment çà et là quelques traces de minerai de plomb et de cuivre ; ce qui confirme le rapport que nous avons indiqué entre le terrain inférieur et la chaîne du Jura.

Le sol le plus voisin de la surface est imprégné, jusqu'à certaine profondeur, de sel marin et de salpêtre. Le premier provient, selon toute apparence, du lavage des terrains tertiaires, et non, comme on pourrait le croire, des eaux marines d'invasion. L'origine du salpêtre est plus difficile à expliquer. S'il se trouve quelques naturalistes attachés à l'expédition qui se prépare, ce produit leur fournira un objet intéressant de recherches.

On trouve dans le territoire d'Alger plusieurs sources thermales : quelques-unes atteignent 77 degrés de Réaumur, c'est-à-dire, dans seulement trois degrés au-dessous de l'eau bouillante.

Les tremblemens de terre sont fréquens sur les côtes de Barbarie, et produisent souvent de grands bouleversemens. On se rappelle du tremblement de terre de Lisbonne, qui détruisit les villes de Phez et Maquinez.

La ville d'Alger, qui s'élève en amphithéâtre sur les bords de la mer, est bâtie sur le versant nord d'une masse de collines dont le sommet, en forme de plateau, est occupé par la citadelle nommée Cassaubah.

Les approches de la ville sont défendues par un grand nombre de batteries et de forts, construits le long de la côte. A quelque distance, au sud, est situé *le Château de l'Empereur*, bâti par Charles-Quint, et qui domine la citadelle. Ce château est fortifié et rempli de troupes. Devant la ville, il existe une petite île réunie au continent par une chaussée étroite ; un grand nombre de bouches à feu défendent ce point important et le rendent presqu'imprenable.

Les ruisseaux étant presque toujours à sec, et la rivière de Massafran située à une grande distance de la mer, les Algériens, pour se procurer de l'eau, sont obligés de creuser des puits et des citernes dans le sable qu couvre le fond des vallées ; mais la plupart du temps l'eau est saumâtre, et il y aurait évidemment un grand avantage à établir des puits artésiens pour l'approvisionnement de l'armée. Le Gouvernement vient en conséquence de décider qu'une sonde et tous les instrumens nécessaires à la perforation des puits, feraient partie de l'attirail de l'expédition projetée. Cette circonstance semble indiquer que les troupes doivent faire un séjour assez long dans le pays : car il faut plusieurs semaines, souvent même des mois entiers, pour creuser un seul puits artésien ; et pour que cette précaution puisse être de quelque utilité, il sera nécessaire d'en établir un grand nombre sur les différens points qui seront successivement le théâtre des opérations militaires.

Autre Notice sur l'État d'Alger.

Cet État est composé de l'ancienne Nu-MIDIE et de la MAUTITANIE CÉSARIENNE. Son territoire a 165 lieues de l'est à l'ouest, et 45 du nord au sud dans sa plus grande largeur. Le sol y est léger et fertile, quoique mal cultivé, sur-tout au nord. Ses principales productions sont le blé, le vin, les fruits, des melons exquis, de l'huile, du miel, de la cire, etc. La côte est très-poissonneuse, et en outre on y pêche du corail. Les montagnes renferment des mines d'or, d'argent, de fer, de plomb, d'alun et de salpêtre. Comme à Maroc, la population y est un mélange de plusieurs peuples, tels qu'arabes, maures, nègres, chrétiens, coloris (issus des turcs et de femmes maures ou noires), Cabyles (qui sont indigènes et habitent les montagnes), et juifs. L'affluence et le commerce des européens y ont donné lieu à un idiome que l'on nomme *langue franque*, il est composé d'italien, d'espagnol et de français.

Le Chef ou le Dey était autrefois nommé par le Grand-Turc, qu'il regarde encore comme son suzerin, et auquel il envoie quelquefois des secours d'hommes, munitions, etc. Il préside un divan composé de huit cens personnes.

Ce pays peut mettre sur pied une armée de 100,000 hommes, y compris 70,000 arabes du désert, tous cavaliers.

On le subdivise en trois gouvernement formant cinq à six provinces. Les villes principales sont :

ALGER, capitale, située à 150 lieues de Tunis, à 180 lieues de Marseille, et que Louis XIV fit bombarder à deux reprises différentes.

MARSALQUIVIR ou MALASHLAH, place forte.

ORAN, le meilleur port de l'Etat d'Alger, situé en face de Carthagène en Espagne.

TRÉMÉCEN, assise au milieu d'une plaine.

BONNE, port sur la Méditerranée.

Le BASTION DE FRANCE, qui n'est plus qu'une ruine.

CONSTANTINA, autrefois CYRTHE, située sur un rocher. Cette ville considérable contient 100,000 âmes, dont 1500 chrétiens et 12,000 juifs.

———

Les revenus qui proviennent des provinces, des impôts sur les chrétiens et les juifs, du monopole exercé par le gouvernement sur le blé, les prisonniers vendus comme esclaves, (car on n'a nul égard au traité fait en 1816 avec Lord Exmouth, relativement aux captifs), sur les confiscations, etc., se montent à plus d'un million et demi de piastres.

Les sciences et les arts, comme on doit bien le penser, sont à Alger dans le plus pitoyable état. Les Algériens ne sont pas même habiles dans la construction des navires, ni dans tout ce qui a rapport à la marine, ce qui fait que leurs boussoles ne portent que huit aires de vent, au lieu de trente-deux qu'ont celles de toutes les autres nations. Cependant on ne peut nier que ces pirates ne soient très-ardens pour aborder un vaisseau marchand, par suite de leur amour pour le pillage et de leur soif des richesses.

La chasse, pour la classe aisée, est une occupation importante. Ils se réunissent à cet effet en automne et en hiver, au nombre de cinquante à soixante chasseurs, pour faire la guerre aux lions, aux tigres, aux léopards, et aux autres animaux féroces.

La température, sur laquelle on a débité tant de fables, est très-supportable, même au sein de l'été. Les montagnes arrêtent les nuages qui viennent du nord, les condensent par les neiges dont leurs sommets sont toujours couverts, et les résolvent en pluie fine. Indépendamment de cela, les rivières dont nous avons déjà parlé, rafraîchissent la température. Il y a des sources d'eau salée en divers endroits, et près du lac de MARKS, on est surpris de voir une montagne entière du plus pur sel. Les sources minérales ne sont pas rares non plus. Ce que les Maures appellent SCHATT, est une plaine sablonneuse qui quelquefois est inondée parce qu'elle reçoit à elle seule cinq petites rivières.

DESCRIPTION

D'une partie de l'Afrique septentrionale du temps des Romains, et ayant rapport à la Barbarie actuelle.

Les deux Syrtes étaient deux écueils redoutés des anciens. La grande Syrte répond au golfe de Sidra. Le lieu de séparation entre le pays d'Afrique et la Cyrénaïque était marqué par les autels des Philènes, deux frères Carthaginois, qui combattirent pour étendre jusque-là les limites de leur patrie. Ces limites subirent quelques changemens. Sous l'empire d'Occident, on y forma une province appelée

Tripolis, parce qu'elle avait trois villes prinzipales. La plus considérable était Leptis, surnommée la Grande, pour la distinguer d'une autre, située hors de la Tripolitaine : elle avait été fondée par les Phéniciens, et ses vestiges se retrouvent encore à Lébida. OEa, qui a pris le nom moderne de Tripoli, est la deuxième. La troisième, Sabrate, se nomme actuellement le Vieux-Tripoli. Quelques autres lieux et des îles ont laissé des traces de leurs noms. Les habitans étaient alors appelés Lotophages, ou mangeurs de lotos.

Dans l'intérieur, la contrée dite Phazania a donné son nom au Fezzan ; Ghedemes offre des ruines de l'antique Cydamus, et des routes qui la faisaient communiquer avec les plaines maritimes. Sous Auguste, les Romains pénétrèrent au pays des Garamantes, jusqu'à la ville de Tabidium, qui est la Tibédou moderne. Ces peuples avaient pour capitale Garama : des voyageurs Romains y pénétrèrent. Le torrent desséché de Mezjerad est le Bagradas.

Sur la côte, la petite Syrte se nomme Gabès, du nom de l'ancienne Tacape, ville au fond du golfe.

Mais le nom d'Afrique propre convient plus particulièrement à la partie du continent qui regarde l'Italie, surtout la Sicile. Les anciens habitans étaient Numides. Les Carthaginois s'y étant établis, lui donnèrent le nom d'Afrique Carthaginoise.

Le principal canton porte le nom de Frikia, diminutif d'Afrique : ce canton est traversé par le Bagradas, aujourd'hui Mejerdah. Les frontières de ce pays avec la Numidie, sont les mêmes que celles des Régences de Tunis et Alger. Le pays et la ville de Bysancium fournissaient à l'Europe beaucoup de blé ; la ville se nomme Beyhni ; le nom d'Emporiæ se donnait aussi à son territoire, sans doute à cause de sa grande fertilité en grains qui en faisait comme un dépôt de subsistances. Il y avait Macomades, Thénes, Taphrura, qui signifie fossé, parce qu'elle était près de celui que Scipion fit creuser pour arrêter les Numides ; Cercina, Caputuada et Tysdrus, lieu où se trouvaient des ruines et un amphithéâtre. La tour d'Annibal, d'où ce Général redouté des Romains se retira en Asie, a été remplacée par Nahdia.

César remporta une grande victoire près de Tapsus. Cette ville laisse entrevoir quelques vestiges de son nom dans celui de Dempsas. Leptis est à la place de Leuata. Hadrumète, une des principales villes de la Bisacène, qui formait avec la Zengitane les deux provinces, n'a point laissé de traces : Erklia rappelle Horrea-Cœlia.

En entrant dans la Zengitane, on trouvait un palais accompagné de jardins délicieux, qui était le séjour des Rois Vandales : il se nommait Grasse, nom que l'on retrouve en France : ce qui ne doit pas étonner, car les Francs, nos aïeux, après avoir conquis toute l'Espagne, s'emparèrent de toutes les embarcations qu'ils trouvèrent près des colonnes d'Hercule, et franchissant le détroit, tombèrent sur l'Afrique étonnée de l'aspect de ces hommes jusqu'alors inconnus. Nabel rappelle Neapolis ; Gurbès, Curubis ; Aklibia, Clypea, etc. Tunes ou Tunctum, qui devint la principale ville du pays après la ruine de Carthage, était au fond du golfe. Sur une péninsule moins isolée aujourd'hui, parce que la mer en se retirant a laissé une plus grande plage à découvert, était Carthage.

Utique était comme Carthage une colonie Tyrienne, et elle-même d'une fondation antérieure à celle de cette ville qu'elle remplaça jusqu'à son rétablissement par Auguste. La mort du deuxième Caton l'a rendue à jamais célèbre. Près d'Utique était le camp muré de Scipion. Les arabes appellent Satcor le lieu que cette ville occupait. Biserte, bâtie sur des canaux, nous a transmis par corruption le nom de l'ancienne Hippo-Zarytos, située à quelque distance de la mer. La ville de Tabraca a laissé son nom à l'île de Trabaca.

En remontant le Bagradas, on trouve Tuburbo, qui a conservé son nom, et Tucaber appellé aujourd'hui Tubernok. Tagaste, patrie de Saint Augustin, et Madaurus, patrie d'Apulée, n'ont pas laissé de vestiges. Kef ou Urbs offre les ruines de Sicca-Venerea. Les voies romaines sont aujourd'hui presque les seuls moyens de reconnaître la situation de certaines villes. L'une de ces voies donne la position de Zama, remarquable par la victoire de Scipion sur Annibal.

La Byzacène avait pour capitale la ville de Capsa. Elle était située au milieu de déserts arides : son emplacement se nomme aujourd'hui Cassa. Dans une partie de la contrée nommée Bilédulgérid, étaient les deux marais de Tritonnide et de Lybie. Le poste militaire dit de la Tour-Tamellène, sur la frontière, a laissé son nom à Tamelem.

Tributs payés annuellement au Dey.

L'Angleterre, la Russie, la Hollande, le Hanovre, Brême, etc., ne paient aucun tribut, mais font des présens au renouvellement de leurs Consuls. Les Deux-Siciles paient comme tribut 24,000 piastres d'Espagne, plus 20,000 comme cadeaux. La Toscane paie 25,000 piastres à titre de présent. La Sardaigne une somme considérable à chaque renouvellement de Consul. L'État de l'Eglise ne paie rien. Le Portugal paie autant que les Deux-Siciles. L'Espagne est assimilée au taux de la Sardaigne. L'Autriche et les Etats-Unis ne paient rien. La Suède et le Danemarck paient 4,000 piastres en marchandises, comme tribut, et 10,000 de dix en dix ans, indépendemment des présens au renouvellement des Consuls. Enfin, la France est traitée comme la Sardaigne.

Il est à remarquer encore que le gouvernement Algérien, pour se dédommager des concessions qu'il a dû faire à quelques Etats d'un rang secondaire, s'étudie à amener de temps en temps des différends et des contestations avec eux. Il en résulte toujours une nouvelle transaction qui nécessite de nouveaux présens ou un changement de Consul, ce qui revient au même.

R.–B.

A METZ, DE L'IMPRIMERIE DE PIERRET.

www.ingramcontent.com/pod-product-compliance
Lightning Source LLC
Chambersburg PA
CBHW051415060726

47596CB00005B/2235